Fenster in der südlichen Eingangskapelle: J. Durm mit dem Grundriß der Kirche, umgeben von Stiftern und Bauleuten; in der Ecke links: F. Geiges, der Künstler der Glasfenster.

(1837—1919) hatte in seiner Heimatstadt Architektur studiert. Nach praktischer Tätigkeit und ausgedehnten Studienreisen (besonders durch Italien und Griechenland) wurde er 1868 Professor am Polytechnikum in Karlsruhe; seit 1887 war er außerdem Großherzoglicher Baudirektor. Zahlreiche Bauten, vor allem für staatliche Institutionen, kamen aus seiner Planung. In seinen Bauten orientierte er sich deutlich an den großen Baustilen der Vergangenheit; der Renaissance gehörte seine besondere Sympathie. Neuen Wegen in der Baukunst stand der ,,Stilarchitekt'' ablehnend gegenüber. Der Kirchenbau spielte in seinem reichen Schaffen eine geringe Rolle: Außer der Freiburger Johanniskirche erbaute er nur die evangelischen Kirchen in Schopfheim (1889—1892; vgl. Führer Nr. 1254)) und Badenweiler (1898).

Die wenigen Sakralbauten teilen mit Durms übrigen Werken den Zug zur Monumentalität, die Unbekümmertheit um die bauliche Umgebung, die sorgfältige Durcharbeitung bis ins kleinste Detail und die überlegte und bestimmte Verwendung dekorativer Elemente. Auch seine Kirchen sind anspruchsvolle Bauten: ,,Die Pflege der Baukunst verlangt reiche Mittel und willige Geber'' (J. Durm anläßlich der Weihe von St. Johann). Deutlich setzen sich die Kirchenbauten jedoch vom übrigen Werk in der gewählten historischen Vorlage ab. Sie greifen weiter zurück in die Bau- und Kunstgeschichte und halten sich an mittelalterliche Stilformen. Vielleicht hatte eine ganz persönliche Entscheidung diese Wahl bestimmt: ,,Wer wollte den Zauber der Dome und Münster dieser Kunstepoche missen oder sie gar gering schätzen, sie, die den süßen Traum unserer Kinderjahre belebten mit Orgelton und Glockenklang und Chorgesang, mit ihrem Säulenwald und hochgestelzten Gewölben, mit ihrer geheimnisvollen Beleuchtung, ,wo selbst das liebe Himmelslicht trüb durch gemalte Scheiben bricht'. Kein Mensch, weß' Glaube er auch sei, wird sich der Raumwirkung dieser Bauten entschlagen können'' (Die Baukunst der Renaissance in Italien, Leipzig ²1924, 757).

Das Kirchengebäude. Persönliche Vorliebe des Architekten und städtebauliche Anliegen hatten bei der Planung von St. Johann zu Stil- und Ausdrucksformen der Romanik zurückgeführt. Der markante Platz der neuen Kirche im erweiterten

3

Kapitell am Haupteingang

*Kapitell am südlichen Turmportal
(Aufstieg zur Sänger- und Orgelbühne!)*

Stadtgelände drängte auf einen repräsentativen Bau. Der Bauplatz legte die Kirche auf Ost-West-Richtung fest, allerdings mit dem Eingang im Osten und dem Altarraum im Westen. Als Baumaterial wurde der rote Mainsandstein gewählt, für die Bedachung blaugrauer, rheinischer Schiefer. In ihrer Stilform und mit diesen Materialen setzte sich die für sich allein stehende Kirche — ursprünglich von parkähnlicher Anlage umgeben — von ihrer Umgebung ab.

Maße: 74,30 m lang; 21,00 m breit; Querhaus: 38,10 m breit; Türme 61,00 m hoch; Vierungsturm: 47,50 m hoch. *Örtlicher Bauleiter:* Architekt Carl Lurk, Freiburg. Die Bauarbeiten wurden vor allem von Freiburger Firmen ausgeführt. *Steinmetzarbeiten:* Julius Seitz (1847 — 1912) und Ernst Worzel. *Grundsteinlegung:* 12. Mai 1895 (Erzbischof J. Chr. Roos), *Einweihung:* 15. Oktober 1899 (Erzbischof Th. Nörber).

Äußeres. Für den kirchlichen Großbau bot die Romanik die basilikale Grundform mit Querschiff an. St. Johann ist eine solche Basilika (überhöhtes Mittelschiff und niedere Seitenschiffe) mit Querhaus, Chorjoch und im Halbrund schließendem Chor. Die Ostfront erhielt einen Gegenchor, eingerahmt von den beiden Türmen. Die *Ostseite,* an der Günterstalstraße liegend und Blickfang von der Talstraße her, bildet die Eingangsfront. Die Eingangsfunktion wird verdeckt, da die ganze Ostpartie als Choranlage gestaltet ist. Deutlich ablesbares Vorbild ist der Ostchor des Bamberger Domes. Mit der chorartigen Eingangsfassade ist Raum für eine Vorhalle bzw. für Orgel- und Sängerbühne gegeben. Der polygonale Ostchor ist dreigeschossig. Drei offene Bögen führen in die Vorhalle. Die Bogenöffnungen sind ganz nach Art romanischer Portale gestaltet: Von je zwei Säulen gerahmt, von je zwei Bögen abgeschlossen und von Dreiecksgiebeln überragt. Die Säulen tragen Schaftringe, wiederum der Romanik abgeschaut; diese sog. gewirtelten Säulen

Fratze an der Nordwestecke *Kapitell an der nördlichen Nebensakristei*

sind überall an und in der Kirche zu entdecken. Der Zackenfries der äußeren Bögen wiederholt sich ebenso mehrfach an der Kirche, wie auch das Blatt- und Rankenmotiv der inneren Bögen. Die drei in den Giebelfeldern angebrachten Zierscheiben tragen pflanzliche und symbolische Darstellungen. Pflanzenmotive, symbolische Tier- und Menschengestalten finden sich auch an den Kapitellen der Säulen in den Bogenöffnungen und an den Kreuzblumen über den Dreiecksgiebeln. Dekorative Elemente dieser Art kehren am gesamten Außenbau wieder. Das mittlere Geschoß der Eingangsseite ist Fensterzone. Drei Fenster in Achtpaßform sind eingebrochen und in kräftige Rahmen gesetzt. Im dritten Geschoß lockern Blendarkaden die Wand auf. Sie sitzen auf doppeltem Fries: Rechteckfelder und Würfel. Hinter den Arkaden befinden sich wieder Fenster, diesmal im Fünfpaß. Ein pyramidenförmiges Dach schließt den Ostchor ab und lehnt sich an den Giebel des Mittelschiffes, der mit einem Rundbogenfries geschmückt ist. Den Ecken des Chores sind starke Stützen vorgelagert, die im oberen Friesfeld in Rundsäulen enden. Die beiden gleichgestalteten *Türme* steigen in fünf Geschossen in die Höhe und werden von spitzen Helmen gekrönt. Die Gliederung der Turmwände nimmt von unten nach oben zu. In das untere Geschoß ist ein einfaches Rundbogenfenster eingelassen; der Zahnfries schließt es nach oben ab. Das zweite Geschoß bringt ein Rechteckfenster im Rundbogen, als Abschluß einen einfachen Gesimsstreifen. Das dritte Geschoß zeigt zwei Rechteckfenster in Rundbögen mit freistehender Säule. Diese Öffnungen sitzen auf einem Würfelfries. Sie befinden sich auf der Höhe der Blendarkaden des Chores und nehmen dessen Wandgliederung auf. Den Abschluß bildet der Rundbogenfries. Das vierte Geschoß erreicht die Firsthöhe der Kirche. Die strebepfeilerartigen Stützen der unteren Geschosse sind hier als Lisenen weitergeführt und oben durch den Rundbogenfries miteinander verbunden.

6

Die Fensteröffnungen — Schallöffnungen für die Glocken — sind jetzt großzügiger: Zwei Zwillingsfenster, von Doppelsäulen gerahmt, darüber ein Rundfenster; das Ganze ist in einen Rahmen gestellt, der im Dreipaß schließt. Das fünfte Geschoß sitzt auf einem Fries aus Rechteckfeldern. Die Fensteröffnungen sind zu einer Drillingsgruppe zusammengebunden. In die Laibungen und vor die Zwischenstützen sind wieder Säulchen gestellt. An den Bögen kehrt das normannische Zackenmotiv wieder. Darüber sitzt ein Achtpaßfenster. Wie im vorigen Geschoß ist auch hier die Fenstergruppe in einen Rahmen mit Dreipaßschluß gerückt. In die Turmecken sind kleine, säulengeschmückte Rundtürme mit steinernen Spitzen eingesetzt. Die Turmseiten enden über einem Rundbogenfries in Giebeln, deren Mauerwerk durch Arkaden aufgebrochen ist. Hinter den Eckürmchen und den Giebeln wird der Turm vom Viereck in das Achteck überführt; als achteckige Spitzen erheben sich die schiefergedeckten, geschlossenen Turmhelme.

Die strenge Symmetrie der Ostseite beherrscht auch den übrigen Bau. *Nord- und Südseite* sind völlig gleichgestaltet. An die Turmpartie schließt sich nach Westen das dreischiffige Langhaus an. Zwei kräftige Stützen, die über die Pultdächer der Seitenschiffe weitergeführt werden und am Obergaden als Lisenen enden, gliedern das Langhaus in drei gleich große Joche. Ist damit die Längsgliederung angegeben, so zeigt sich auch die Höhengliederung deutlich: Die hohen Seitenschiffe, von einer Rundbogenbalustrade gekrönt, weisen auf Zweigeschossigkeit im Innern hin. Ein Gesims, von einem Zahnfries unterlegt, teilt die beiden Geschosse. Deren untere Wand wird von sechs Rundfenstern (Achtpaß), die obere von sechs Rundbogenfenstern durchbrochen. In die Obergadenwand sind drei Drillingsfenster eingelassen. Durch Lisenen und Rundbogenfries ist jede Fenstergruppe in einen schönen Rahmen gesetzt.

Zum *Querhaus* hin kommen nun Übersichtlichkeit und Gleichmaß ins Stocken. Eine Art Halbjoch ist eingefügt. Am Obergaden ist die Ecke von Lang- und Querhaus abgeschrägt. Die Erklärung für dieses Zwischenstück, das sich an den Westseiten des Querhauses wiederholt, findet sich erst im Innern der Kirche. Der Architekt hat der Vierung der Kirche, dem Schnittpunkt von Lang- und Querhaus, eine eigene Form gegeben: Unter seiner Hand ist sie zum weiten Kuppelraum geworden. Die Kuppelanlage ist am überhöhten Dach über der Vierung zu erkennen, zumal im oberen Teil das Dach mit Glasplatten abgedeckt ist, die dem Kuppelraum Licht zuführen. Über der Vierung erhebt sich der hölzerne, achteckige Vierungsturm. Das eingeschobene Zwischenjoch ist also funktional bedingt: Es stützt in den vier Ecken die Kuppel ab. Im Untergeschoß gibt es außerdem Raum für Seitengänge, die wie kleine Kapellen in den Ecken geschoben sind, und an den Westseiten des Querhauses in den Sakristeien ihre Entsprechung finden. Das Dekor führt die bekannten Elemente mit kleinen Variationen weiter.

Nord- und Südfassade der beiden Querhäuser sind besonders imposant ausgebildet. Von kräftigen Streben abgestützt, sind sie von dem großen Radfenster im Mittelfeld beherrscht. Dieses ist von einem Zackenfries, Rundstab, Würfeln und gewirtelten Säulen gerahmt. Darunter läuft ein Fries mit Tieren und symbolischen Darstellungen: Der Fries im Süden zeigt Tugendsymbole: Spiegel (Klugheit), Waage (Gerechtigkeit), Kreuz (Glaube), Mutter mit zwei Kindern (Liebe), Anker (Hoffnung), Geißel (Geduld), Turm (Starkmut). Der entsprechende Fries im Norden zeigt Tiere, die menschliche Laster versinnbilden.

Der untere Teil, durch ein Gesims abgesetzt und etwas vorspringend, ist durch drei Rundbogenfenster und zwei Blendnischen in reicher Rahmung aufgelockert. Unter den Schmuckformen taucht hier neu die Hohlkehle mit Knubbeln (beliebtes

Ausschnitt aus dem Tugendfries am südlichen Querhaus

Dekor der oberrheinischen Romanik) über den Fenstern und Nischen auf. Von der Eingangsfassade wird die Zierscheibe wiederholt und mit pflanzlichen Ornamenten geschmückt. Der Giebel, durch Gesims und Zahnfries vom Mittelfeld abgesetzt, zeigt wieder den Rundbogenfries, zwei schmale Rechteckfenster in üblicher Rahmung und zwei Kreuze in quadratischem Feld. Die Westseiten des Querhauses entsprechen den Ostseiten. In die Ecken ist wieder die Abstützung der Kuppel eingefügt, um sie herum sind die Sakristeien gebaut. Die Sakristeien werden auf gleicher Höhe wie die Eingangskapellen mit einer Balustrade abgeschlossen: Jetzt sind es jedoch kleine Pfeiler mit geradem Abschluß, von zwei derben Kreuzblumen gekrönt. In den Fenster- und Türbögen wieder die knubbelbesetzte Hohlkehle, die zum Schmuck der Westseite gehört. In die Südwestecke der Sakristei ist unter dem Steintürmchen ein Engelskopf eingelassen; an der Nordwestecke befindet sich an gleicher Stelle eine menschliche Fratze.

Der *Chor* zeigt mit seinen Streben, die in dreifacher Abschrägung fast bis an das Dach reichen, eine starke, vertikale Gliederung, die durch die leichte Einziehung des oberen Geschosses noch unterstrichen wird. Die Wand des Chorjoches nimmt die Gliederung der Ost- bzw. Westwand des Querhauses auf. Das Halbrund der Apsis erscheint im unteren Geschoß als Vieleck. In dieses sind wieder Rundfenster eingebrochen wie im Langhaus, jetzt aber als Fünfpaß. Im Mittelgeschoß ist die Wand fast ganz durch die großen Rundbogenfenster ersetzt. Deren Rahmung setzt sich wieder aus den schon bekannten Dekorationselementen zusammen. Im oberen Geschoß ist die Wand wie am Ostchor durch die Blendarkaden aufgelockert, eine Erinnerung an die Zwerggalerie romanischer Kirchen, die mit dieser Schmuckform die Schwere der Wand aufheben wollten.

Inneres. Durch die offene *Vorhalle,* überdeckt von einer Halbkuppel mit kräftigen Rippen, gelangt man in das Kircheninnere. Im Bogenfeld über dem Portal der Kirchenpatron Johannes der Täufer. Hier folgt zunächst eine innere Vorhalle unter der Sängerempore und von den unteren Turmgeschossen gerahmt. Ein dreifacher Bogen öffnet den Zugang zum Mittelschiff, Einzelbögen den zu den Seitenschif-

Nördliche Seitenwand des Langhauses

fen. Das Weiß der geschlossenen Wand und der Deckenflächen kontrastiert mit dem warmen Braunton des Sandsteins, der auch im Kircheninneren unverputzt geblieben ist. Der unverputzte Sandstein bildet das tragende Gerüst des Baues. Die basilikale Anlage bestimmt das *Langhaus* mit seinen drei Jochen. Pfeiler und Säulen (Stützenwechsel) trennen das Mittelschiff von den Seitenschiffen. Pilaster und vorgesetzte Halbsäulen führen die Trennung in den oberen Teilen weiter und tragen die kräftigen Gurtbögen der Gewölbe. Die Mittelschiffjoche sind von Kreuzrippengewölben überdeckt, die Seitenschiffe von Kreuzgratgewölben. Der Wandaufriß deckt die Zweigeschossigkeit der Seitenschiffe auf. St. Johann zeigt damit eine Sonderform der Basilika, die sog. Emporenbasilika. Der Obergaden ist noch einmal untergegliedert. Drillingsfenster mit schöner Blankverglasung lassen hier das Licht einströmen. Darunter lockern doppelbogige Blendarkaden die Wand auf, bringen freilich auch eine Unruhe in den sonst klassisch geformten Wandaufriß. Die dekorativen Elemente bestehen in jenen Formen, die schon am Außenbau beobachtet wurden: Gewirtelte Säule, Kelchkopfkapitelle mit pflanzlichen und grotesken Motiven. Ebenso kehren die bekannten Friesformen wieder: Würfel- und Rundbogenfries; der Zahnfries begleitet die Gewölberippen. In den Bögen sitzt wieder die Hohlkehle mit den Knubbeln. Neu sind die in die Pfeilerecken eingestellten Dreiviertelsäulen, die die Ecken angenehm abrunden; auch das ist wieder der romanischen Vorlage abgeschaut.

Am Schnittpunkt von Langhaus und Querhaus öffnet sich der Raum weit. An dieser Stelle, auf die schon bei der Beschreibung des Außenbaues hingewiesen wurde, weicht der Bau entschieden von seiner romanischen Vorlage ab. J. Durm hat die Ecken abgeschrägt und so einen Achteckraum geschaffen, den er mit weitgespannter Kuppel überwölbte. In dieser eigenwilligen Abänderung der geschichtlichen Vorlage verrät er seine Begeisterung für den Zentralbau. Trotz strenger Bindung an das basilikale Schema gelang ihm so eine Verbindung von Lang- und Zentralraum. Allerdings konnte in seiner Zeit die Eigenständigkeit dieses Raumteiles nicht voll zum Tragen kommen, da die Längsrichtung des Raumes bestimmend blieb. Erst die jüngste Renovation der Kirche brachte diese Raumanlage voll zur Geltung, indem sie unter der Kuppel den Altar aufstellte. Der *Kuppelraum,* deutlich hervorgehoben und den anderen Raumteilen übergeordnet, ist durch doppelte Gurtbögen von Lang-, Querhaus und Chor abgesetzt. Die abgeschrägten Wände sind durch Bogenöffnungen bzw. Altarnischen, Blendarkaden und Blendfenster aufgelockert. An den Gewölberippen sind sternbesetzte Zierscheiben angebracht. Die Überordnung des Kuppelraumes zeigt sich deutlich in den anschließenden Räumen: Nach Nord und Süd greift die Kirche mit den beiden gleichgroßen *Querhäusern* aus, nach Westen folgt das Chorjoch. Alle drei Räume sind von fast geschlossenen, weißen Wänden begrenzt. Die lebhafte Wandgliederung des Langhauses fehlt. An den Querhauswänden schafft ein kräftiger Gesimsstreifen mit Zahnfries eine horizontale Gliederung. Darüber ist in den Ost- und Westwänden je ein Drillingsfenster angebracht. Über ihnen wird die Wand durch ein Rundfenster geöffnet. Die gleiche Fensterordnung wiederholt sich in der nördlichen und südlichen Chorwand, während Nord und Südwand der Querhäuser von den großen Radfenstern aufgebrochen werden. Die abschließende *Chorapsis* ist durch eine kräftige Wandvorlage vom Chorjoch getrennt. Der Gurtbogen ist leicht abgerundet und dadurch von den rechteckigen Gurtbögen des Langhauses abgesetzt. Im geschlossenen Untergeschoß der Apsis

Blick vom südl. Querhaus über Altarinsel zum Chor und in das nördl. Querhaus

Rundfenster im Chor: Löwe, sein Junges weckend

sind fünf Fünfpaßfenster in die Wand eingelassen. Im Obergeschoß ist die Wand fast ganz durch die großen Rundbogenfenster aufgelöst. In ihrer Lichtfülle, die bei originalen romanischen Bauten so nicht gegeben ist, kann sich die Apsis als Ziel des Kirchenraumes behaupten.

Die Ausstattung. Der historisierende Kirchenbau wollte das „Gesamtkunstwerk". Er strebte nach dem harmonischen Zusammenspiel von Raum, plastischer und farbiger Wandbehandlung, farbiger Verglasung, Altären und Mobiliar. Mit solcher Gesamtinszenierung von Architektur und Ausstattung steht der Bau formal in der Tradition des Barock. Diesem Wollen war J. Durm auch in der Freiburger Johanniskirche verpflichtet. Von der farblichen Raumbehandlung abgesehen, die sich mehrmals verändernde Eingriffe gefallen lassen mußte, ist die ursprüngliche Ausstattung weithin erhalten geblieben. Ermöglicht wurde sie einst durch großzügige Stiftungen aus der Pfarrgemeinde. — Der jetzige Zustand ist das Ergebnis einer umfassenden Renovation von 1972/73 unter Stadtpfarrer P. Waldemar Birk OFM.

Die Künstler der Ausstattung: Malerei: Kirchenmaler Carl Philipp Schilling (geb. 1855 in Wald-Ulversheim, gest. 1924 in Freiburg); Kirchenmaler Martin Ritter von Feuerstein (geb. 1856 in Barr/Elsaß, gest. 1931 in München). — Fenster: Prof. Dr. h. c. Fritz Geiges (geb. 1853 in Offenburg, gest. 1935 in Freiburg). — Altäre: Franz Simmler (geb. 1846 in Geisenheim, gest. 1926 in Offenburg).

Die Altäre: Der *Hochaltar* in der Chorapsis ist als mächtiger Ziboriumsaltar gestaltet. Die Erinnerung an den romanischen Altar legt sich nahe; die Neuromanik griff gerne dieses Vorbild auf (vgl. den von Kaiser Wilhelm II. der Abtei Maria Laach gestifteten Hochaltar). Der Baldachin erhebt sich über vier schwarzen Marmorsäulen und wird von einer Tambourkuppel überragt. An den vier Ecken stehen Engel in kleinen Baldachinen. Die Front des Altarstipes wird von vier Säulen in drei Felder eingeteilt, die mit Reliefs geschmückt sind: das Opfer Abels, die Opferung Isaaks und das Opfer des Melchisedek — Szenen aus dem Alten Testament, die auf die Eucharistie bezogen werden. Im Mittelfeld des zweiteiligen Altaraufbaues befindet sich der Tabernakel, darüber die kuppelgekrönte Aussetzungsnische; rechts und links Heiligenfiguren, im unteren Feld als Reliquienbüsten: Perpetua und Cyriak, die Patrone der alten Pfarrkirche (in der Ausführung kleinere Doubletten der beiden großen Büsten, die dort rechts und links vom Hochaltar aufgestellt sind), Agatha und ein hl. Bischof (Lambert ?). Im oberen Feld stehen rechts die hl. Mutter Anna, der hl. Martyrerbischof Engelbert und der hl. Markgraf Leopold von Österreich (es sind die Namenspatrone der Stifter des Hochaltares, des Freiburger Ehepaares Leopold und Maria

Nördliches Querhaus: hl. Barbara (barock, aus der ehemaligen Nothelferkapelle)

13

Anna Dold, und von Pfarrer Engelbert Jung), links der hl. Bernhard von Baden, der hl. Bischof Konrad von Konstanz und Johannes der Täufer. Die beiden Felder werden durch ein Tierflechtband voneinander getrennt.

In die Nischen der westlichen Vierungsstützen sind zwei annähernd gleichgestaltete Altäre eingesetzt. Rechts ist es der *Muttergottesaltar.* Das Bild in der Halbkuppel zeigt die thronende Gottesmutter mit dem Kind, von Engeln umgeben. Zu ihren Füßen knien der hl. Dominikus mit dem Rosenkranz und der hl. König Ludwig von Frankreich, der die Königskrone mit der Dornenkrone vertauscht hat. An der Altarmensa zwei kleine Bilder: ,,Arche des Bundes'' und ,,Bundeslade'', marianische Anrufungen aus der Lauretanischen Litanei. Im Altaraufbau zwei kleine Reliefs: Verkündigung an Maria und Geburt Christi. Darunter verläuft wieder ein Tierflechtband, das sich auch an den anderen Altären findet.

In der linken Nische steht der *Herz-Jesu-Altar.* Im Bild der Halbkuppel der thronende Christus, zu seinen Füßen der hl. Franziskus von Assisi und der hl. Vinzenz von Paul. Der Altaraufbau ist mit zwei kleinen Bildern geschmückt: Abendmahl und Kreuzabnahme. Unter der Altarmensa steht ein Reliquienschrein, deutlich romanischen Schreinen nachgebildet. Er birgt Reliquien von den dargestellten Heiligen: Salvatus, Gaudiosus, Valentinus, Modestus und Fortunatus.

An der Westwand der *Querhäuser* stehen *zwei Altäre* von gleichem Aufbau. Die schwarzen Marmorsäulen und das Giebelfeld mit den Engeln vom Hochaltar sind hier wiederholt. Der rechte Altar ist dem *hl. Antonius von Padua* geweiht. Das Altarbild zeigt den Heiligen, dem das Jesuskind erscheint. Ein Engel im Diakonsgewand kniet mit einer Geldkassette (,,Brot für die Armen'') daneben, auf dem Boden steht ein mit Brot gefüllter Korb: Antonius als Helfer der Armen und Notleidenden. In den Altaraufbau sind wie beim Hochaltar Figuren eingesetzt, von links nach rechts: der hl. Kaiser Heinrich, die hl. Kaiserin Kunigunde, der hl. Evangelist Johannes und der hl. Benedikt von Nursia.

Der linke Altar ist dem *hl. Josef* geweiht. Im Altarbild ist die hl. Familie dargestellt, im Mittelpunkt Josef der Zimmermann. Am Altarsockel sind zwei Reliefs angebracht: der ägyptische Josef und König David. Die Figuren des Altaraufbaus von links nach rechts: der hl. Fidelis von Sigmaringen, der hl. Bischof Karl Borromäus, der hl. Pirmin (?) und der hl. Albert der Große. Die Altarausstattung ist ganz auf die Westhälfte der Kirche beschränkt; vom Langhaus will sie zum Hochaltar führen, vom Hochaltar her zum Langhaus hin vermitteln.

Hinzu kommen die Bilder des *Kreuzweges.* Sie sind an den Querhauswänden angebracht, wo sie sich von der Südostecke zur Nordostecke hinziehen. Ihre Anordnung unterstreicht den Westteil der Kirche als Raum besonderer Würde, als hl. Schaubild im Kircheninneren, eine Anregung aus der Barockkirche.

Die Fenster: Der zweite Ausstattungsakzent, die gemalten Fenster, verteilt sich auf den gesamten Kirchenraum, freilich erfährt auch der Chorraum dadurch besondere Betonung. Das ikonographische Programm ist mittelalterlichen Kirchen abgeschaut, auch die Technik hält sich an dieses Vorbild. Prof. Fritz Geiges — fast in jedem Fenster ist sein Name neben dem des jeweiligen Stifters zu lesen! — galt als anerkannter Meister in der Imitation gotischer Fenster. Die fünf großen *Chorfenster* stellen von links nach rechts die zentralen Heilsgeheimnisse dar: Geburt Christi, darunter sieht man das Wohnhaus und den Atelierturm von Geiges, der

Südliches Querhaus: Madonna (15. Jh., Kopf nach Schändung des Bildes 1841 neu; aus der ehemaligen Nothelferkapelle)

15

auch der Stifter des Fensters ist; Taufe Christi, darunter die Heilung des aussätzigen Naaman (2 Kge 5); Christus am Kreuz mit Maria und Johannes, darunter die Opferung Isaaks; Auferstehung Christi, darunter der Prophet Jona; Pfingsten, darunter die Bilder der Stifter Leopold und Maria Anna Dold. In den kleinen Rundfenstern der Apsis wird Christi Erlösungswerk erneut dargestellt, jetzt mit vertrauten Symbolen: Einhorn (Symbol der Jungfräulichkeit), Lamm Gottes, Kreuz, Löwe mit Jungem (Symbol der Auferstehung) und Pelikan (Symbol des göttlichen Lebens). In diese Fenster sind die Namen des Pfarrklerus aus der Zeit des Kirchenbaus eingetragen.

Die *Mittelfenster des Chorjoches* zeigen rechts die Gottesmutter, links den hl. Josef; die Begleitfenster sind farbige Ornamentfenster.

Die großen *Radfenster des Querhauses* tragen nur in ihrem kleinen Mittelfeld figürliche Darstellung: links Christus als Weltenrichter, rechts Maria mit Jesuskind (beide nach der Zerstörung am 27. November 1944 im Jahre 1955 neu eingesetzt). Die oberen *Rundbogenfenster des Querhauses* zeigen in gleicher Anordnung wie die Fenster des Chorjoches wieder Heilige, links Johannes den Täufer und Einbeta, rechts Cyriak und Perpetua. Die sechs unteren Rundbogenfenster erinnern mit biblischen Szenen an das erlösende Tun Christi, links: der Prophet Nathan vor König David, der auferstandene Herr, der barmherzige Samariter; rechts: die Heimkehr des verlorenen Sohnes, der gute Hirte, die Verleugnung und Reue des Petrus.

Auf den *Emporen* des Langhauses ist das von Christus in seinen Heiligen gewirkte Heil dargestellt. Nur die beiden Fenster in den Vierungsecken korrespondieren miteinander, in denen die hl. Anna und der hl. Joachim dargestellt sind. Die Heiligen in den übrigen Fenstern (links: Karl Borromäus, König Ludwig von Frankreich, Elisabeth, Viktor, Berta, Kreszentia; rechts: Franz Xaver, Blasius, Ida, Kaiser Heinrich, Maria Magdalena, Engelbert von Köln) machen den Eindruck des Zufälligen. Ihre Zusammenstellung beruht auf den Wünschen der jeweiligen Stifter.

Die *Rundfenster in den Seitenschiffen* zeigen dagegen wieder strenges und vertrautes Programm: die zwölf Apostel als Glaubensverkünder. Die Reihe beginnt vorne rechts mit dem hl. Petrus; sein Spruchband trägt die ersten Worte des apostolischen Glaubensbekenntnisses; die Reihe endet vorne links mit dem hl. Paulus, auf dessen Spruchband die letzten Worte des Glaubensbekenntnisses.

Die übrige Ausstattung: Am linken Vierungspfeiler steht die *Kanzel*. Der Korb ruht auf vier massiven Säulen. Bronzene Engelsbüsten, die mit Alpha und Omega gezierte Bücher tragen, weisen auf den Platz der Verkündigung des Wortes Gottes. Zwei Bronzereliefs zeigen Christus mit den Aposteln und die Predigt des Täufers. Der hölzerne Kanzeldeckel ist mit kleinen Engelsfiguren gekrönt.

Bereichert wurde die Innenausstattung nach dem II. Weltkrieg. Aus der Karlsruher Werkstatt W. Kollmar kam 1946 die *Steinfigur des Kirchenpatrons* gegenüber der Kanzel. Vom gleichen Künstler stammen auch die *Figuren an den Chorwänden;* Heilige der Heimat, deren Figuren zum Teil auch schon an den Altären stehen, kommen damit groß in den Raum. Auf der rechten Seite: Ulrich, Bernhard von Baden, Fidelis von Sigmaringen; auf der linken Seite: Trudpert, Ottilia, Albert der Große (letztere von Kollmars Mitarbeiter Claus Pfeiffer).

An der Ostwand des nördlichen Querhauses hängt das *Relief einer Madonna* im Strahlenkranz; es stammt vom Prospekt der abgebrochenen Orgel. — An der Westwand des Querhauses einige ältere Kunstwerke: Rechts die schönen *Barockstatuen* der hl. Barbara und Katharina; ganz in der Ecke ein *Bild der hl. 14 Nothelfer.* Die Stücke kamen aus einer ehemaligen Nothelferkapelle an der Basler Land-

Tafelbild, um 1500, schwäbisch: Madonna, begleitet von Kaiserin Helena und hl. Barbara

straße. Links: *Sitzende Madonna* (auch aus der genannten Kapelle). Daneben ein *Tafelbild:* Maria mit dem Kind, die hl. Kaiserin Helena und Barbara. Das kostbare Bild wurde um 1500 gemalt und dürfte aus einer schwäbischen Werkstatt stammen.

Der neue Altarraum: Die liturgische Erneuerung des II. Vatikanischen Konzils führte in St. Johann zur Schaffung eines neuen Altarraumes. Der weite Kuppelraum nimmt seither die Altarinsel auf und erhielt damit die seiner Stellung entsprechende liturgische Funktion. Der Zelebrationsaltar, Osterleuchter, Ambo, Sedilien

Blick auf den neuen Zelebrationsaltar von J. Henger 1975

und Gabentisch sind Arbeiten des Ravensburger Künstlers Josef Henger (Altarweihe am 13. Dezember 1975). Der *Altar,* ein mächtiger Block aus weißem Mainsandstein nimmt eine alte Lokaltradition auf und wurde als Vierzehn-Nothelfer-Altar gestaltet. Vier Bronzeplatten, Pfeiler und Eckstücke des Altars in einem, zeigen die vierzehn Heiligen, die fromme Verehrung zu einer Gruppe freundlicher Helfer zusammengestellt hat: Achatius, Ägidius, Barbara, Blasius, Christophorus,

Reliefs am Zelebrationsaltar: Der hl. Vitus im Öltopf; der hl. Christophorus, das Jesuskind tragend

Cyriak, Dionysius, Erasmus, Eustachius, Georg, Katharina, Margareta, Pantaleon und Vitus. Der rechts vom Altar stehende *Ambo* nahm seitlich die Reliefs Johannes des Täufers und des Evangelisten Johannes auf. Der *Osterleuchter* auf der linken Seite zeigt Christus am Kreuz, das über den Figuren Adam und Eva als Lebensbaum emporwächst. — Von J. Henger kommt auch der Deckel des *Taufbeckens* (südliches Querhaus) mit biblischen Szenen, die auf die Taufe verweisen.

*Relief am Zelebrationsaltar: Der hl. Märtyrer
Achatius*

Osterleuchter auf der Altarinsel

Taufstein mit neuem Bronzedeckel

Neue Metzler-Orgel.

Die neue Orgel: Am 1. November 1981 wurde die neue Orgel auf der Ostempore eingeweiht. Sie wurde von der Firma Metzler in Dietikon/Zürich hergestellt. Das mächtige Orgelgehäuse aus massiver Eiche umschließt das Orgelwerk (50 Register, mit zwei Spieltischen). Die Schauseite mit ihren sieben Türmen folgt barocken Vorbildern, fügt sich in ihrer Eigenständigkeit aber bruchlos in die große Kirche ein, die mit dieser Orgel endlich das ihr angemessene Instrument erhalten hat. Für die oberrheinische Orgellandschaft bedeutet die Metzler-Orgel eine hervorragende Bereicherung.

Würdigung. Mit der Freiburger Johanniskirche hat J. Durm eine der letzten großen Kirchen der Erzdiözese Freiburg vor dem Ersten Weltkrieg geschaffen. Eine lange Epoche kirchlicher Baukunst kam damit zu ihrem Ende. Der Kirchenbau des frühen 19. Jahrhunderts war bestimmt vom Klassizismus Friedrich Weinbrenners (1766—1826) und seiner Schüler. Die Großherzogliche Baubehörde reglementierte und normierte dahingehend jeden Kirchenbau und schuf landauf, landab ein langweiliges Einerlei kirchlicher Bauten („Ärarkirchen"). Der Weinbrennerschüler Heinrich Hübsch (1795—1863) brach aus der Eintönigkeit aus und brachte Eigenständigkeit und Phantasie in den Kirchenbau (z. B. St. Cyriak in Karlsruhe-Bulach; Pfarrkirche in Freiburg-St. Georgen, vgl. Kirchenführer Nr. 1199). Die nachfolgende Generation wandte sich dem Historismus zu, der sich hierzulande an gotische und romanische Stilformen hielt. In diese baugeschichtliche Epoche gehört J. Durm; seine Freiburger Johanniskirche zählt zu ihren monumentalen Denkmälern.

K. Suso Frank OFM

Archive: Pfarrarchiv St. Johann Freiburg — Erzbischöfliches Archiv Freiburg — Stadtarchiv Freiburg.

Schrifttum: J. Durm, Die Baukunst der Renaissance in Italien (Leipzig ²1924). – Festschrift: Die neue Pfarrkirche St. Johann in Freiburg (Freiburg 1899). – E. Föhr, Kirche und Pfarrei St. Johann Baptist zu Freiburg (Freiburg 1958). – K. S. Frank, Josef Henger: Altar in Freiburg St. Johann, in: Das Münster 30 (1977), 283–288. – Fridericiana. Zeitschrift der Universität Karlsruhe 18 (1975). – U. Grammbitter, Josef Durm – eine Einführung in sein architektonisches Werk (Dissertation, Universität Karlsruhe 1980). – Th. Lutz, Das Pfarrhaus von St. Johann in Freiburg-Wiehre (Magisterarbeit, Universität Freiburg 1981). – J. Sauer, Die kirchliche Kunst der ersten Hälfte des 19. Jahrhunderts in Baden (Freiburg 1933).

Fotos: Sämtliche Aufnahmen Kurt Gramer, Bietigheim Bissingen

Vorderseite: *Außenaufnahme der Pfarrkirche St. Johann*
Rückseite: *Blick über die Altarinsel in das Langhaus und zur Orgelempore*

Abonnement: Unsere „Kleinen Kunstführer" durch Kirchen, Schlösser und Sammlungen im europäischen Kulturraum können beim Verlag abonniert werden. Die Reihe wurde begründet von Dr. Hugo Schnell † und Dr. Johannes Steiner †.

Schnell, Kunstführer Nr. 1450   unveränderter Nachdruck der ersten Auflage 1984

© **VERLAG SCHNELL & STEINER GMBH REGENSBURG**

Leibnizstraße 13, D-93055 Regensburg
Telefon: (09 41) 7 87 85-0 · Telefax: (09 41) 7 87 85 16
Druck: Erhardi Druck GmbH Regensburg
Nachdruck, auch auszugsweise, verboten

ISBN 3-7954-5161-2

Weitere Informationen zum Verlagsprogramm erhalten Sie unter:
www.schnell-und-steiner.de